D1719502

Österreichs Bezirke in einer nostalgischen Buchreihe

In der Reihe „Österreichs Bezirke in alten Ansichtskarten"
bietet der Verlag Carl Ueberreuter eine Bilderreise in die Vergangenheit
dieses Landes: Jeder Band enthält eine große Auswahl der schönsten Ansichtskarten,
die praktisch alle Ortschaften und Gemeinden des jeweiligen Bezirks zeigen.
Im Laufe der nächsten Jahre sollen alle Bezirke Österreichs auf den Markt kommen.
Grundlage dieser Reihe ist die Sammlung von Johann Riegler,
der mit 2,5 Millionen historischen Korrespondenz- und Ansichtskarten
das weltweit größte einschlägige Archiv besitzt.

SALZBURG

Der Bezirk in alten Ansichtskarten

UEBERREUTER

Der Bezirk Salzburg
Einwohner: ca. 143.000 (Stand 2006)
Größe: 66 km²

Kontakt zur Stadt:
Stadtgemeinde Salzburg
Mirabellplatz 4
5020 Salzburg

ISBN 3-8000-7212-2
ISBN 978-3-8000-7212-5
Redaktion: Irmgard Dober
Gestaltung: xl-graphic
Ansichtskarten von Johann Riegler.
Sie können diese auch in digitaler Form unter www.illuscope.com käuflich erwerben.
Copyright © 2006 by Verlag Carl Ueberreuter, Wien
Printed in Czech Republic
1 3 5 7 6 4 2

Ueberreuter im Internet: www.ueberreuter.at

Inhalt

Vorwort

Salzburg weckt unweigerlich Assoziationen zu großen Namen, großartigen Kulturdenkmälern und einer herrlichen Landschaft. Seine Lage im Salzburger Becken nördlich des Tennengebirges wird durch den Flusslauf der Salzach und die Stadtberge geprägt, welche Salzburg zu einer der grünsten Großstädte Europas machen. Auf einem der Stadtberge thront mit der Festung Hohensalzburg Europas größte vollständig erhaltene Burg aus dem Mittelalter. Die Geschichte der Stadt geht aber wesentlich weiter zurück.

Es sind Besiedlungsspuren aus der Jungsteinzeit erhalten und seit 4.000 Jahren wird in der unmittelbaren Umgebung der Stadt das ihr den Namen gebende „weiße Gold" abgebaut. Knapp nach Christi Geburt entwickelte sich aus den Einzelsiedlungen am Ufer des Flusses die Stadt Iuvavum. Um 470 kam der heilige Severin nach Salzburg und gründete eine Mönchsgemeinde. Der Herzog von Bayern schenkte im Jahr 699 Bischof Rupert von Salzburg die alte Römerstadt – oder was von ihr geblieben war – um das Land zu missionieren. 739 wurde Salzburg Bischofssitz und 798 von Papst Leo III. „auf Ersuchen und Befehl" Karls des Großen zum Erzbistum erhoben. Damit ist Salzburg heute die älteste noch existierende geistliche Metropole im deutschen Sprachraum.

Salzburg gehörte danach zum ostfränkischen Reich, dem späteren Heiligen Römischen Reich. Der Bau der Festung Hohensalzburg wurde 1077 begonnen, sie wurde später kontinuierlich aus- und umgebaut. Wehrhaft musste Salzburg sein, denn die Erzbischöfe waren auch weltliche Herren des Fürstentums Salzburg und gerieten immer wieder in die Auseinandersetzungen zwischen dem Kaiser, dem Papst und den Landesfürsten. 1328 war Salzburg mit dem Erlass einer eigenen Landesordnung durch den Erzbischof zu einem weit gehend selbstständigen Staat geworden.

In der Amtszeit von Erzbischof Matthäus Lang von Wellenburg breitete sich der Protestantismus immer stärker aus, auch der große Bauernaufstand brachte unruhige Zeiten: Der Erzbischof musste 1525 sogar auf die Festung flüchten und wurde zwei Wochen lang von den Bauern belagert. Damals war auch der berühmte Arzt Theophrastus Bombastus von Hohenheim – Paracelsus – in Salzburg, er starb unter mysteriösen Umständen in der Taverne „Zum Weißen Ross" in der Kaigasse. Zu Beginn des 17. Jahrhunderts begann die intensive Barockisierung der Stadt durch Wolf Dietrich von Raitenau, die Salzburg zur ältesten Barockstadt nördlich der Alpen machte, zum „Rom des Nordens". Markus Sittikus und seinem Nachfolger Paris Graf von Lodron gelang es, Salzburg aus dem Dreißigjährigen Krieg herauszuhalten. Doch natürlich betrieben die Fürsterzbischöfe eine streng gegenreformatorische Politik. So erließ Leopold Anton von Firmian 1731 das Emigrationspatent, das über 20.000 Salzburger Protestanten aus ihrer Heimat vertrieb. In der Regierungszeit von Hieronymus Franz Josef von Colloredo-Mannsfeld, dem letzten Erzbischof, der auch weltliches Oberhaupt war, wurde Salzburg zu einem Zentrum der Spätaufklärung und zog zahlreiche Wissenschafter und Künstler an. Einen Künstler verlor die Stadt allerdings – nach einem Streit mit dem Erzbischof kehrte Wolfgang Amadeus Mozart seinem Geburtsort für immer den Rücken.

In den Jahren der Napoleonischen Kriege wechselte der Status Salzburgs immer wieder, bis es 1816 nach dem Wiener Kongress ein Teil Österreichs wurde. Mit dem Zusammenbruch der Monarchie wurde Salzburg die Hauptstadt eines Bundeslandes der neuen Republik Österreich.

NS-Diktatur und Bombenkrieg hinterließen tiefe Spuren, vor allem das Bahnhofsgebiet, aber auch die Innenstadt mit der Domkuppel und Mozarts Wohnhaus wurde getroffen, die Stadt von den US-Amerikanern besetzt. Nach der Wiedererlangung der Souveränität Österreichs und dem Wiederaufbau begann eine umfangreiche Modernisierung: Die Stadt ist heute ein attraktiver Wirtschaftsstandort im Herzen Europas, der an großen europäischen Verkehrskorridoren liegt und sich aufgrund seiner hervorragenden Bildungseinrichtungen wohl auch keine Sorgen um die Zukunft machen wird müssen. Salzburgs Reichtum ist aber ganz und gar nicht „nur" wirtschaftlicher Natur …

Dass die Naturdenkmäler Salzburgs mit der Schönheit und Eleganz seiner Architektur eine großartige Symbiose eingegangen sind, dokumentiert sich in der Altstadt, die Teil des Weltkulturerbes der UNESCO ist. Zu den auffallendsten Bauten zählen der Dom, die Festung Hohensalzburg, die Residenz, das Stift St. Peter und sein Friedhof, die Franziskanerkirche und die Felsenreitschule. Auf dem anderen Ufer der Salzach locken Schloss Mirabell und sein Garten und die Sebastianskirche mit ihrem Friedhof. Und am Rand Salzburgs lädt Schloss Hellbrunn mit Wasserspielen und Tiergarten ein.

Reich ist Salzburg auch an berühmten Söhnen und Töchtern. Seinem berühmtesten Sohn begegnet man in der Stadt überall – am Geburtshaus, dem Wohnhaus, beim Mozartdenkmal, im Mozarteum, beim Zauberflötenhäuschen und am Papagenobrunnen. Die von Max Reinhardt 1920 gegründeten und zum kulturellen Fixpunkt gewordenen Festspiele stellen die Verbindung zu einem weiteren großen Salzburger her, zu Herbert von Karajan, der Reinhardts Idee mit den Osterfestspielen erweiterte. Georg Trakl, Hans Makart und Wilhelm Holzbauer sind nur einige der Namen, die hier noch zu nennen wären.

Das reiche kulturelle Erbe wird aber auch in der Gegenwart gepflegt und weiterentwickelt: Theater wie das Landestheater, die beiden Festspielhäuser, die Elisabethbühne und das Marionettentheater, Museen wie das Rupertinum, das Haus der Natur, das Dommuseum, das Museum der Moderne und das Carolino Augusteum, Ensembles wie die Camerata Salzburg, das Mozarteum-Orchester und das Österreichische Ensemble für neue Musik, … Sie sorgen dafür, dass die Salzburger und ihre Gäste auch in Zukunft die Stadt in all ihren Facetten werden genießen können.

1 Salzburg, Residenzplatz

2 Festung mit alter Staatsbrücke

3 Blick auf Festung vom Kapitelplatz aus

4 Ansicht des Doms,
vor 1904

5 Mariensäule auf dem Domplatz,
vor 1904

6 Kapitelschwemme,
Foto um 1913

7 Ludwig-Viktor-Platz,
heute Alter Markt,
um 1910

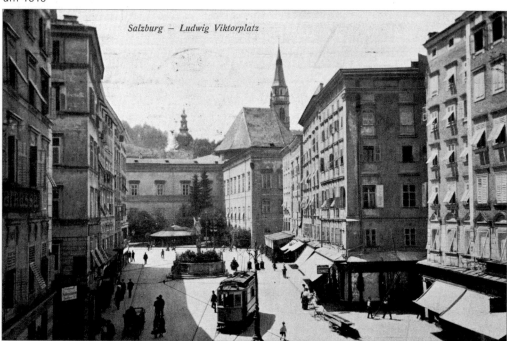

8 Floriani-Brunnen auf dem Ludwig-Viktor-Platz, um 1910

SALZBURG. FLORIANI BRUNNEN.

9 Residenzplatz, um 1910

Brunnen im äusseren Stein

10 Brunnen im äußeren Stein, um 1900

11 Pferde-
schwemme
neben dem
Großen
Festspielhaus

12
Kajetaner-Platz,
um 1900

13 Makartplatz,
um 1900

14 Blick aufs Platzl,
vor 1904

15 Auf dem Mozartplatz

16 Mozarts Wohnhaus,
Makartplatz,
um 1910

17 Am Platzl,
um 1914

18 Getreidegasse, vor 1904

19 Getreidegasse, Mozarts
Geburtshaus,
um 1900

20 Schwarzstraße,
vor 1904

21 Sigmund-Hafner-Gasse,
vor 1904

22 Westbahnstraße,
Blick auf Festung,
um 1913

23 Faberhaus in der Westbahnstraße,
um 1909

24 Steingasse,
um 1905

25 Steingasse,
Aufgang Kapuzinerstiege,
vor 1919

26 Hof des Bürgerspitals

27 Arkaden in der Steingasse, vor 1919

28 Versicherungsgebäude, um 1916

Salzburg - Aufgang zum Kapuzinerberg

29 Aufgang zum Kapuzinerberg
in der Linzer Gasse,
um 1914

Neuthor.

Gruss aus Salzburg

30 Das Neutor,
vor 1904

Würthle & Sohn Salzburg.   34

31 Das Deutschhaus,
vor 1920

32 St.-Andreas-Kirche,
vor 1904

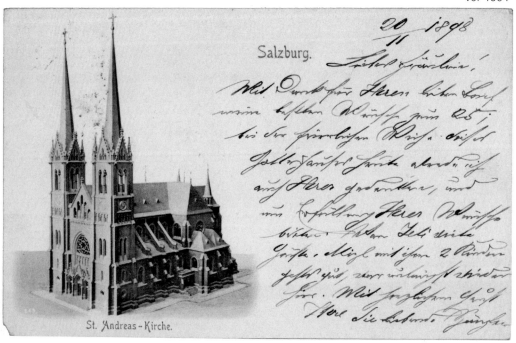

33 Der „Hexenturm" an der Paris-Lodron-Straße,
vor 1904

34 Mirabellgarten, Blick auf Festung,
um 1926

35 Schloss Mirabell,
vor 1904

36 Ausgang aus dem Mirabellgarten,
um 1905

37 Naturtheater im Mirabellgarten

38 Das Stadttheater (heutiges Landestheater),
vor 1904

39 Künstlerhaus,
vor 1904

40 Blick auf Festung vom
Festspielhaus,
um 1928

41 Mozarteum,
um 1916

42 Erzherzog-Luwdig-Viktor-Brücke,
heute Lehener Brücke,
um 1902

43 Erzherzog-Franz-Carl-Brücke, heute Müllnersteig

44 Makartsteg, 1905 eröffnet

45 Steinkai, vor 1904

SALZBURG. GISELA KAI

182

46 Giselakai,
vor 1919

47 Elisabethkai,
um 1910

Salzburg, Elisabethquai mit Protestantischer Kirche.

48 Sebastianfriedhof,
um 1907

49 Friedhof St. Peter,
vor 1904

50 Felix-Pforte auf den Kapuzinerberg

51 Franziski-Schlössl auf dem Kapuzinerberg, um 1913

52 Auf dem Kapuzinerberg, vor 1904

Das Zauberflötenhäuschen auf dem Kapuzinerberge in Salzburg.

53 Kapuzinerberg,
Zauberflötenhäuschen

54 Terrasse beim elektrischen Aufzug
auf dem Mönchsberg,
um 1910

Salzburg von der Terasse des Restaurants Elektr. Aufzug a. d. Mönchsberg.

Salzburg – Bergputzer am Mönchsberg.

Kloster

55 Bergputzer am Mönchsberg, um 1907

56
Mönchsberg,
Schartentor,
um 1913

57 Auf dem
Mönchsberg,
um 1913

58 Winter
auf dem
Mönchsberg,
vor 1904

59 Monikapforte auf dem Mönchsberg,
vor 1904

60 Marienschlössl auf dem Mönchsberg,
um 1908

61 Marketender-Schlössl,
Mönchsberg,
vor 1904

62 Blick vom Mönchsberg
gegen den hohen Göll,
um 1904

63 Blick vom Mönchsberg Richtung Lehen

64 Am Nonnberg,
vor 1904

65 Nonntal,
Blick auf Hohensalzburg,
um 1915

66 Theresienschlössl,
um 1910

67 Schloss Freisal,
um 1900

68 Monatsschlösschen in Hellbrunn,
vor 1904

69 Söller der Bürgerwehr, um 1900

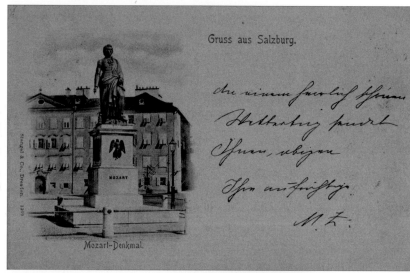

70 Mozart-Denkmal auf dem Mozartplatz, um 1900

71 Eduard-Richter-Denkmal, Mönchsberg, um 1915

72 Enthüllung des
Kaiserin-Elisabeth-Denkmals,
15. 7. 1901

73 Sebastiansfriedhof,
Grab der Familie Mozart

74 „Der eiserne Wehrmann",
um 1910

Der eiserne Wehrmann in Salzburg.   Kaiser Karl d. Große.

75 Grünmarkt in Salzburg,
um 1917

Salzburg — Grünmarkt

76 Antiquitäten Swatek,
um 1915

A. SWATEK
GRÖSSTES ANTIQUITÄTEN-LAGER
SALZBURG
BRODGASSE

77 Bäckerei,
um 1914

STIEGLBRAUEREI SALZBURG

78 Brauerei Stiegl,
Zwanzigerjahre

Warenhaus N. Kölbl, Salzburg.
Haltestelle Bazar.

79 Warenhaus Kölbl,
vor 1904

Stadtbahn-Haltestelle Fünfhaus. Stieglbräu-Gasthof. Salzburg, Westbahnstrasse

80 Stieglbräu in der West-bahnstraße, um 1920

81 Hotel Bristol auf dem Makartplatz

HÔTEL BRISTOL

SALZBURG (AUTRICHE).

RODOLPHE FLEISCHMANN, Propriétaire.

Hôtel de l'Europe

Gruss aus Salzburg

Würthle & Sohn, Salzburg 54.

82 Hotel de l'Europe, vor 1904

83 Hotel Pitter,
vor 1904

84 „Österrei-
chischer Hof"
um 1904

85 Gasthof
und Hotel
„Römischer
Kaiser",
vor 1904

SALZBURG   Kollers Hotel & Café Garni

86 Kollers Hotel und Café

87 Hotel und Pension „Münchnerhof",
um 1913

88 Hotel Wolf Dietrich

89 Gastschloss Mönchstein
auf dem Mönchsberg

90 Hotel Mirabell,
vor 1904

91 Café Corso, um 1913

92 Café Bazar, Blick auf die Altstadt und die Festung, um 1925

93 Restaurant „Electrischer Aufzug", um 1900

94 Café Lohr,
Zwanzigerjahre

95 Café Wien,
Besitzer Michael Stadler

Kiosk Tomaselli Salzburg

gegründet 1859

96 Tomaselli-Kiosk, um 1917

97 „Zum Goldenen Löwen"

98 „Zur goldenen Rose",
Gasthof und Weinhaus,
vor 1904

Gasthof „Stadt Innsbruck" / Salzburg
Plainstraße 3 / Telephon 785/8
Fremdenzimmer   Fremdenzimmer

99 Gasthof „Stadt Innsbruck", Inhaber Daffinger

Gegründet 1874

Gasthof „zur Schranne"

Neu renoviert

Franz Pocherdorfer
Pächter
Salzburg, Schranneng. 10

Billige, besteingerichtete Fremdenzimmer
Fernruf 1403

Gute bürgerliche Küche, vorzügliche Getränke bei mäßigen Preisen u. aufmerksamer Bedienung.
Freie Lage / Speise-Saal und Veranda

10 Minuten vom Bahnhofe
Lohndiener am Bahnhof

In nächster Nähe der Haltestelle „Mirabellplatz" der elektr. Stadtbahn

100 Gasthof „zur Schranne"

Bahnhof-Gastwirtschaft Salzburg.   A. Pfletschinger.

101 Bahnhofs-Gastwirtschaft, vor 1919

102 Gasthof, Hotel und Restaurant „zur Traube",
um 1929

103 „Zur goldenen Kanone"

104 Gasthof „Schwarzes Rössl, um 1914

105 „Zum Hirschen", Inhaber Hubinger

106 Restauration „St. Hubertus",
Mönchsberg

107 Restauration Schanzl,
vor 1900

108 Salzburger Braustübl,
um 1900

109 „Sternbräu" in der Getreidegasse,
vor 1904

Salzburg   Tiroler Weinstube
Gasthof z. gold. Birne

110 „Zur goldenen Birne",
Tiroler Weinstube

111 Augustinerbräu,
Foto um 1910

Gruß aus dem Augustiner Bräustübl, Salzburg.

112 Stiftskeller
St. Peter,
vor 1904

113
Hauptbahnhof,
vor 1904

114
Hauptbahnhof,
Gleisanlagen,
um 1910

Salzburg – Ischler Bahnhof

115 Ischler Bahnhof, um 1912

116 Kurhaus, um 1908

Moorbad-Heilanstalt König Ludwigs-Bad bei Salzburg.

117 König-Ludwigs-Bad, Moorbad, vor 1904

Krankenhaus der barmherzigen Brüder, Salzburg.

118 Krankenhaus der barmherzigen Brüder,
um 1920

119 Hohensinns Kuranstalt,
Kreuzbrückl,
vor 1904

Hohensinn's Kuranstalt, Moorheilschwimmbad, Kreuzbrückl bei Salzburg.

71629 Hans Prader, Fotograf, Maxglan-Salzburg.

120 Naturheilanstalt Kreuzbrückl,
um 1900

121 St.-Johanns-Spital,
um 1905

St. Johanns-Spital   Wirtschaftsgebäude   Augenklinik   Frauenklinik
Kinderspital

SALZBURG–LANDESANSTALTEN

122 Die Salzburger Landesanstalten, um 1916

Salzburg, Städt. Versorgungshaus

8.ᵗᵉⁿ Juny 1901.

123 Städtisches Versorgungshaus, um 1900

124 Michael-Roittner-Turnhalle des Turnvereins, erbaut 1925

125 Damenschwimmschule im Franz-Josefs-Park,
vor 1904

126 Café-Restaurant Schwarzgruber, Franz-Josefs-Park,
um 1900

127 Schule St. Andrä,
vor 1904

128 Mädchen-Realgymnasium und
Städtisches Museum,
um 1914

129 Akademisches Gymnasium
bei der Kollegienkirche,
um 1905

130 k. k. Staats-Gewerbeschule,
um 1914

Knaben-Erziehungsanstalt Edmundsburg in Salzburg

131 Erziehungsanstalt Edmundsberg
auf dem Mönchsberg,
um 1914

132 Privatgymnasium Borromäum,
um 1914

Salzburg – f. e. Borromäum

133 Hofstallkaserne,
um 1915

134 Lehener Kaserne,
um 1914

135 Hellbrunner Kaserne,
um 1910

136 Aigen-Glasenbach,
Marienheim,
Zwanzigerjahre

Bahnhof-Restauration Aigen bei Salzburg

137 Aigen, Bahnhofsrestaurant, um 1914

138 Aigen, Schloss und Kirche

139 Fürstenbrunn,
um 1900

Salzburg, Hotel a. d. Gaisbergspitze, 1286 m ü. M.

140 Hotel-Restaurant
auf der Gaisbergspitze

141 Judenbergalpe am Gaisberg,
Bahnstation,
um 1924

Judenbergalpe a. Gaisberg.

Zistelalm (1000 m) mit Tennengebirge und Hoher Göll.

142 Gaisberg, Zistelalm mit
Tennengebirge und Hoher Göll,
um 1917

143 Gaisbergbahn, Station Zickelalm,
um 1909

Gaisbergbahn - Partie

144 Gaisberg, Ansichten
von der Zistelalm,
um 1906

145 Plateau auf der Gaisbergspitze,
um 1909

Gersberg-Alm, 800 m am Gaisberg bei Salzburg

146 Gaisberg, Gersbergalm, um 1912

147 Glas, Ortsansicht, Strobels Krämerei

Gruss aus Glas.

Strobel's Krämerei.

148 Gnigl, Bahnhof und untere Gnigl,
um 1915

149 Gnigl,
Ortsansicht,
um 1922

150 Itzling, Hauptstraße, vor 1904

Gruss aus Itzling bei Salzburg.

151 Itzling, Kirche und neues Kinderheim

Itzling bei Salzburg mit dem Bahnhof

152 Itzling, Totale mit Bahnhof, um 1915

153 Leopoldskron, Ansichten,
um 1910

154 Leopoldskron,
vor 1904

155 Leopoldskron,
städtisches Schwimmbad,
um 1925

156 Liefering,
Ortsansicht,
um 1917

157 Liefering,
Herz-Jesu-Kloster

158 Maxglan,
Ansichten,
vor 1904

Maxglan mit Altmaxglan.

159 Maxglan, Drogerie

160 Maxglan,
Ansichten von Neumaxglan,
um 1900

161 Maxglan, zum „Ganshof",
um 1918

162 Maxglan,
Ansicht von Neumaxglan,
um 1915

163 Morzg,
Ortsansicht,
um 1915

164 Morzg,
Blick in die
Berge,
um 1916

165 Morzg,
Gschaiders
Tabak-Trafik und
Gemischtwaren-
handlung

166 Morzg,
Gasthof zur
Einöd,
um 1907

Salzburg-Mülln

167 Mülln,
Ortsansicht,
um 1913

168 Mülln,
Rodelpartie,
um 1905

Salzburg, Partie von Mülln

169 Mülln,
Blick gegen den Hohen Staufen,
um 1910

170 Parsch,
Hotel-Pension Gaisbergalm,
um 1900

1909

Sanatorium und Wasserheilanstalt Parsch-Salzburg (Dr. Ottokar L. Pollak)

171 Parsch,
Sanatorium und Wasserheilanstalt,
um 1909

172 Riedenburg,
Ortsansicht,
vor 1919

Salzburg.   Riedenburg.

B 120 Verlag G. Baldi, Salzburg.

SALZBURG . PARTIE AUS DER RIEDENBURG

187

173 Riedenburg, Detail, vor 1919

174 Riedenburg,
Herz-Jesu-Asyl,
um 1916

175 Riedenburg,
Artilleriekaserne,
um 1917

Gasthof und Café Ofenloch, Salzburg-Riedenburg.

Wierer & Müller, Salzburg.

176 Riedenburg,
Gasthof und Café Ofenloch,
vor 1919

177 Rott,
gezeichnete Ortsansicht

Rott b. Salzburg

Nachdruck
verboten

Oesterreichisches Zollamt. Gasthaus Bayr. Grenze
M. u. A. Anfang.

Gruss aus Rott b. Salzburg.

119225 No. 684. Joh. Lanz, Rosenheim.

178 Rott,
Zollamt und Gasthaus

179 Stanzinghof,
um 1900

Gruss aus Stanzinghof. 25. II. 1900.

Salzburg zur E.

8001 WÜRTHLE & SOHN. SALZBURG.

180 Salzburg zur Eiszeit

it nach Orginal v. Herrn Professor Fugger

Ich habe mich bemüht, aus tausenden historischen Ansichtskarten Ihres Bezirks die schönsten und aussagekräftigsten Motive auszusuchen und zu präsentieren.

Sollte Ihr Haus oder Ihr Dorf nicht in der Auswahl dieses Buches sein, so heißt das nicht, dass es dazu keine Ansichtskarte in meinem Archiv gibt. Ich lade Sie gerne ein, meine Sammlung von 2,5 Millionen historischen Karten zu besuchen und sich schlau zu machen – bringen Sie gleich alte Ansichtskarten aus Ihrer Gemeinde mit!

Und es gibt noch eine Vielzahl von anderen Motiven: Krampus-, Oster- und Tierkarten, Künstlerkarten, Karten von Personen und Ereignissen aus der Politik, von Naturkatastrophen, Berufen, Vereinen und vieles andere mehr. Ich berate Sie gerne unverbindlich, freue mich aber auch über ein entsprechendes Angebot, mit dem Sie mir helfen können, meine Kollektion zu erweitern.

Foto: Riegler

Johann Riegler
Wienerstraße 69
A-3252 Petzenkirchen
Tel.: 0664/338 98 97

Johann Riegler in seinem Archiv

Foto: Lackinger